사랑 하나로 충분하다고 고백하는 이들을 위하여

詩와 사랑 6집_사랑 하나로 충분하다고 고백하는 이들을 위하여

2022년 05월 31일 초판 발행

지은이 | 박경철
발행인 | 박찬우
편집인 | 우 현
펴낸곳 | 파랑새미디어

등록번호 | 제313-2006-000085호
서울특별시 마포구 서교동 357-1 서교프라자 318
전화 | 02-333-8311
팩스 | 02-333-8326
메일 | adam3838@naver.com

가격 10,000원
979-11-5721-168-5(04810)
979-11-5721-106-7(세트)

시와 사랑
VI

사랑 하나로 충분하다고
고백하는 이들을 위하여

사랑 시집을 내면서 : 팬데믹에서 엔데믹으로 가는 길목

사랑 하나로 충분하다고 고백하는 이들을 위하여

》멈춤 그리고 쇼크

지난 2년간 코로나로 멈춘 게 한두 가지가 아니지요.
해외 가족 방문이 올스톱이었고 국내 가족 및 학교 모임도 올스톱.
코로나로 인해 경제적인 쇼크를 받은 업체, 소상공인은 또 얼마나….

》경험해보지 못한 세상

한편으론 험곡의 순간이지만 피할 길과 위로의 은혜를 체험합니다. 제 경우, 선별 진료소에서 2년 가까이 일하게 된 것이 바로 그렇습니다. 살아오면서 경험해보지 못한 전혀 새로운 세상의 일을 하면서 많은 걸 배우고 수많은 사람들과 인연의 끈을 맺게 되었습니다.
언제 어디서든 늘 긍정적이며 기쁨으로 최선을 다하는 적응력 좋은 모습은 더 길게 일할 수 있는 기회까지 제공받게 되었지요.

》기쁨 그리고 애환을 넘어

코로나로 일자리를 잃어본 사람은 일하는 기쁨과 행복이 얼마나 큰지 알 수 있습니다. 월~토요일까지, 개인 시간은 요원한 일. 매일 검사를 하는 것은 전쟁이었습니다. 아마도 대한민국에서 콧구멍 가장 많이 후빈 사람은 제가 확실할 겁니다. 동료들의 코로나 확진 전쟁 속에서 음성으로 버틸 수 있는 것은 특별 은총이라고 해야 할까요?

》기분좋은 추억 & 역대급 추억

팬데믹에서 엔데믹으로 가는 길목. 지나온 시간이 무척 길게 느껴집니다. 수많은 일이 있었는데 기억에 남는 두 가지를 나누고 싶네요.

가장 먼저 했던 일은 드라이브 쓰루로 검사받기 위해 오는 사람을 정문에서 안내하며 안내문을 배부하는 일이었습니다. 처음 검사받는 사람들의 굳은 표정과 긴장을 풀어주기 위해 웃음과 적당한 멘트로 기분을 업시켜주는데 집중했구요. 입소문도 나고 여기저기서 저의 실체를 확인하려는 사람들도 있었구요. 또 어떤 분은 나중에 다시 방문하여 음료수를 전해주시며 따뜻한 말로 격려해 주셨고 정말 기분 좋은 추억이었답니다.

또 하나는 초등 1학년 되보이는 여자 아이. 이 아이는 검사소 들어서면서부터 통곡하며 고래고래 소리를 지릅니다. 그대로 옮겨봅니다.

"내가 검사 안받는다고 했지? 나 검사하면 확 죽어버릴 거야. 검사 죽어도 안 받을 거야."

검사소는 그 아이 거센 저항(?)으로 한동안 난리였습니다. 30여 분 실랑이 끝에 결국 검사 안 받고 갔습니다. 코로나와 싸워서 이긴 꼬마 여전사입니다. 나갈 때 웃으며 한마디해줬습니다. "공주님, 승리 축하해~!" 차 타고 있던 가족들 한바탕 웃음~~

그외 수많은 기억들이 스쳐갑니다.

》보람 그리고

선별 검사소가 문을 닫고 보건소로 새롭게 출근하여 재택치료 추진단에서 일하게 되었습니다. 하루종일 의자에 앉아서 전화업무를 합니다. 엉덩이에 땀띠 나고 좀이 쑤시지만 전화를 놓을 수 없는 일.

6월 계약기간까지 얼마 남지 않았네요.

돌아보니 지나가는 시간이었지만 최선을 다한 날들이었기에 보람도 있고 아쉬움도 많이 남습니다. 나름 방역 최전선에서 종사하는 요원으로서 자부심도 있구요. 코로나가 많은 사람들을 힘들고 어렵게 했지만 난 이렇게 고백하렵니다. "코로나 덕분에 난 행복했어요."

작은 소망

잠좀 실컷 자보고 싶다는…

그리운 얼굴들 만남을 이룰거라는…

순례든 예행이든 쉼을 누리고 싶다는…

더 따뜻한 사랑꾼으로 살겠다는…

내년에 새로운 일을 하고 싶다는…

'사랑일기 365' 시작하고 싶다는…

Thanks…

날 언제나 사랑하시는 하늘 아빠

하늘 나라에 계신 원조 사랑꾼 아버지

언제나 내새끼라고 안아주시는 엄마

사랑할 수밖에 없는 내 사랑

내가 사랑하는 피붙이와 모든 사람들

날 사랑하며 기도해 주시는 모든 분들

시와사랑을 늘 예쁘게 만들어주시는 파랑새미디어의 대표님

그리고 고백합니다.

"사랑 하나로 충분합니다"

그래서 앞으로도 쭉 사랑시를 쓰겠다고요…

이 시집을 사랑꾼이 되고 싶은 모든 이들에게 아낌없이 드립니다.

보고 있어도 보고 싶습니다.

2022년 언제나 햇살이 예쁘고 아름다운

양곡에서 4월에…

靑死

목차

* 서문_4

—— 제1부 당신 덕분 ——

* 미안한 사랑에게 _ 12
* 사랑해 _ 13
* 나 너 기다림 _ 14
* 당신밖에 없네 _ 15
* 흔적 _ 16
* 우리 _ 18
* 사랑을 논하지 마라 _ 20
* 그래서 _ 22
* 사랑의 고향 _ 24
* 타이타닉이 그립다 _ 26
* 사랑의 예술 _ 27
* 나, 너 그리고 _ 28
* 사랑의 묘약 _ 29
* 사랑 발전소 1 _ 30
* 더 더 더 _ 32
* 사랑 발전소 2 _ 34
* 사랑 발전소 3 _ 36
* 사랑 발전소 4 _ 38
* 사랑 발전소 5 _ 40
* 사랑 발전소 8 _ 41
* 포기 _ 42
* 익어가는 동행 _ 44
* 사랑 발전소 6 _ 46
* 사랑 발전소 7 _ 48
* 그러고 보니 1 _ 50
* 그러고 보니 2 _ 52
* 계절이 가고 _ 54
* 가을을 꿈꾸자 _ 56
* 그러고 보니 3 _ 58
* 사랑 발전소 9 _ 60
* 말도 연가 _ 62
* 나와 당신 _ 63
* 사랑 발전소 10 _ 64
* 의미 _ 66
* 그러고 보니 4 _ 68
* 사랑 발전소 11 _ 70
* 가을로 가는 연가 _ 72
* 당신 덕분 _ 73

* 사랑 발전소 12 _ 74
* 그래서 사랑이라 한다 _ 75
* 우리 인연_76

—— 제2부 닥치고 사랑 ——

* 행복 확인 _ 78
* 가을 행진곡 _ 80
* 눈물, 피, 향기, 미소 _ 81
* 가을로 가는 연가 2 _ 82
* 크레파스와 연필 _ 83
* 그래서 사랑이 _ 84
* 사랑 알아차리기 _ 86
* 명약 _ 88
* 감성 _ 89
* 실시간 사랑 _ 90
* 사랑 그 단순함 _ 92
* 사랑 방정식 _ 94
* 감탄사 _ 95
* Nonfiction _ 96
* 가을 사랑 1 _ 98
* 의미 2 _ 99
* 사랑 내 안에 _ 100
* 그럼에도 _ 101
* 편지 쓰기 _ 102
* 가을 하늘만 같아라 _ 104
* 애수 _ 105
* 긍정 인생 _ 106
* 그래서 내 사랑 _ 108
* 사랑다움 _ 109
* 추억 불러오기 _ 110
* 사랑이니까 _ 112
* 사랑 부자 _ 114
* 존재의 이유 _ 116
* 가을 사랑 2 _ 117
* 사랑은 순례 _ 118
* Endless love _ 120
* 사랑 참 2 _ 121
* 사랑 참 1 _ 122
* 오늘 문득 _ 124
* 사랑 여행 2 _ 126
* 사랑여행 3 _ 128
* 만추 _ 130
* 사랑 여행 4 _ 132
* 사랑 여행 5 _ 134
* 사랑 여행 1 _ 135

* 가을 인생 _ 136
* 가을 비상 _ 138
* 사랑 노래 _ 140
* 분홍빛 연가 _ 142
* 닥치고 사랑 _ 144
* 마주 보면 _ 146
* 사랑 예찬 _ 148
* 사랑 _ 150
* 딩동댕 _ 152
* 로맨티스트 _ 154
* 사랑이라 한다 _ 156
* 사랑이라고 _ 158
* 가득한 사랑으로 _ 160
* 행복 어렵지 않다 _ 162
* 함께함의 힘 _ 164
* 여기까지 _ 166
* 아침 사랑 묵상 _ 167
* 사랑이어라 _ 168
* 느낌 _ 170

—— 제3부 사랑 답안지 ——

* 인생 고백 _ 172
* 또… 느낌 _ 174
* 사랑 삶 & live _ 176
* 사랑 답안지 _ 178
* 옛사랑 여기에 _ 180
* 작은 사랑 _ 181
* 겨울이라 해도 _ 182
* 愛 _ 184
* 환상이어도 좋을 _ 185
* 아홉수 고백 _ 186
* 나를 허물고 _ 188
* 안아주면 된다니까 _ 190
* 참사랑 _ 192
* 어디에 있었니 _ 194
* 사랑 또 사랑 _ 196
* 밤하늘 연가 _ 198
* 백세 사랑 _ 200

제1부

당신 덕분

미안한 사람에게

아픔은
지켜야 할 사람에게
예쁜 꿈을 주지 못한
먹먹한 심장 박동
말이 필요없는 설움

수없는 계절의 바뀜
곁에 두고도 안타까운
그리움의 상념은
여러 번 꽃을 꺾으며
향기를 안았지만
여전히 가슴 시린 동행

먹구름 등에 업고
소나기라도 내리면
눈물이라도 숨길 텐데
미안하기만 한 애심
가슴 쓸어내리는 호흡
당신이라는 이름으로
스르륵 잠을 청한다

사랑해

조금은 슬퍼도
사랑의 파도 넘치니
슬프지 않다
특별한 이유 없어도
그냥 존재 자체로
기쁨 주는 사람
백만 송이 장미 보다
한 그루 백합으로
좋은 사람이 되고

작은 손짓 뒤로
살짝 내민 미소가
사무치게 예쁜 거 아는지
먹구름 걷어낸 하늘에
보고 싶다고 흘려 쓴다

그리고···
사랑해

나 너 기다림

나를 찾은
널 기다림

보고 싶다고
사랑한다고
아낌없이 말해주며
있는 그대로 산다
그게 진짜니까

삶이 여유롭다는 건
오늘을 자족하고
너와 나 바라보는
부드럽고 따스한 미소
그리고 하늘 바라봄

널 찾은
나의 기다림

당신밖에 없네

그렇더라
도란도란 이야기 나누며
추억을 곱씹을 수 있음이
기쁨이더라

툭 던진 한 마디에
웃어주고 끄덕이는
순박한 그 모습
세상에서 가장 예쁜
내 사람이더라
당신은 그런 사람
언제나 그랬듯
날 안아줄 사람
나에게 손뼉 쳐줄 사람

아픔이 못 박혀서 울고
눈물이 멈추질 않아 아팠던
어느 날 기억이지만
두근거리는 행복은
아무리 생각해 봐도
당신밖에 없네

흔적

말하지 않아도
눈 속에 들어와 앉은
청춘의 꽃

늘 푸른 마음으로
그리움 품고 살자고
시골 밤하늘
별 하나씩 뽑아서
두 손에 꼭 쥐어 주며
평생을 약속한
꿈같은 날들 우리 둥지

오늘 이렇게
수더분한 여유로움으로
거칠어진 손 잡을 때
이제는 조금 늦은 박자
꿋꿋하게 자리 지키는
적당한 추임새 제격인
은은한 노송이 되어간다

이렇게 세월 가고
사랑은 기억 속에
지워지지 않는 흔적으로
눈물겹게 새겨진다

우리

우리에겐
의미 없는
시작과 끝

언제나 같은 생각
사랑 하나로
황홀한 심장 박동

가장 슬픈 일은
사랑해도 되냐고
힘들게 물어보는 일
사랑은 물을 일 없다
사랑은 그냥 하면 되고
그것만으로도 의미
그리고 살아있음이야

걷다가 넘어져도
그 자리가 축복
손잡아 일으켜 주는
곱디고운 당신 있으니

얼마큼 더 가야 할지
걱정할 일도 아니다
이만큼 온 것 보니
얼마든지 충분하다
가시밭길이든
십자가 좁은 길이든
은혜로 함께하니

황홀한 심장 박동
사랑 하나로

사랑을 논하지 마라

내가 준 열정

네가 준 기쁨
진실도 만족도
속 깊은 마음

내가 기준은 아니어도
네가 행복하면
그게 붙잡고픈 옷자락
희망의 꽃 줄

억지로 사랑을
말하지 않아도 되거든
우리에게 사랑은
바로 너
바로 나

좋아하고
사랑하고
이유가 필요 없는 거야

이유가 없어져서
사랑하지 않을 거면
그건 사랑이 아니라
별 볼 일 없는 놀이일 뿐

오늘도
기대 넘쳐나는 우리
사랑의 울렁거림
사랑의 고질병

그래서

흔하디흔한 말
너 아니면 안 된다는
그래서
유치할수록
사랑이 아름다운 이유

고맙고 또 고마운
너만 보면 생각나는
가슴 무거운 외침
내가 지켜줄게
그래서
심장이 더 뜨거운 이유

사랑이 뭔지 알려고
애쓸 필요 없어
내 마음 갈 때
알아차렸거든
그래서
사랑은 바로 너야

영화 속 대사 생각난다
난 성공한 인생이야
영혼을 다해 한평생
한 여인을 사랑했으니
그래서
삶이 멋있고 맛있는 거야

한 여인을 사랑했으니
성공한 인생이다

사랑의 고향

사랑들이 묻는다
뭐가 그리도
사랑스런지를

사랑의 느낌은
작은 숨소리
긴장되는 침묵만으로
심장이 뛰는 것

잠시 떨어져 있어도
체취가 남아 춤추고
네가 좋다는 고백으로
견딜 수 없는 그리움을
부르고 또 부르는 것

장맛비 푹 잠기는
숨어버린 달그림자
하루를 애태우다
밤이 되어 찾아 떠나는
너밖에 모르는 아기로

울고 웃고 노래하는 것

사랑은 안갯속 비밀
아름다운 내 고향

사랑스런지
뭐가 그리도
사람들이 묻는다

타이타닉이 그립다

타이타닉이 그립다

별빛 같은 사랑이
바다에 물들어 가고
일상이었던
미안함과 고마움도
풍랑 속에 녹아버리면
도망갈 수 없는 여기
생애 최고의 탑승권은
나를 선택한 당신

달빛 출렁이는 밤
기대고 잠들어도 좋을
전부가 되어버린
영원을 바라보는 눈길
감사의 기도로
정든 고향이 되었다

타이타닉이 그립다

사랑의 예술

내가 할 수 있는 건
너의 말 들어 주고
그렇게 살아보려
신나게 달려가는 것

누구에게나 인연은 있지만
아무나 사랑하지는 않는다
단 하나의 이유는
너만이 내 전부이니까

좋은 이유를 말할 필요 없어
손잡은 순간
소중한 약속이 익어가고
생각하는 순간
함께 한 꿈이 이루어졌으니까

하늘이 허락한 사랑이
절절한 용기로 다가와
깨어나기 싫은 꿈결에
둘이 하나 되어 춤추고 있으니
황홀한 인생 따로 없네

나, 너 그리고

눈을 떴다
꿈길 보다
눈앞에 그대가
더 생생하게 안기니
시 한 편 다가온다

간절함도
절실함도
용기를 키워주는
사랑의 고백이다
어떤 모습일지라도
당신이어서 좋으니까

설렘이 시작되고
떨림으로 보고 싶고
오랜 시간 지나
뒤돌아보아도
여전히 야리야리한 모습
끝까지 내 손 잡고 가자
뿌려진 눈물만큼
세상이 아름다워졌잖아

사랑의 묘약

단순하게
당신만 생각하고
사랑을 쏟고
끈끈한 그림자로
힘들어도
손 잡아준 온기에
외로움 물러가고

그리움도
촉촉한 눈망울도
또 하루를 살게 하는
신비한 바람
말 없어도 알아챈
신성한 눈빛

이 모든 것
사랑의 묘약

사랑 발전소 1

그대 품에 기대어
스미는 향기는
젊은 날
웃음으로 퍼지던
맑게 갠 하늘
눈부신 푸르름
기분 좋은 여유로움

빗소리에 리듬 타며
우산 돌리면
어지럽게 뿌려지는
물방울 향연에
먹구름 뒤편
달려오는 무지개 언약

짝은 정해져 있더라
사랑한다고
수도 없이 얘기해도
여전히 아쉬움으로
부르고 또 부르는

사랑스런 네 이름

옳다구나
갈 때까지 가보자
갈 데까지 가보자

더 더 더

꼭 어디부터라고
말하지 않아도 좋아

분명한 건
널 첫눈에 넣은 날
터질 듯 가슴 뜨거웠으니까

뭐가 사랑이냐고
증명하지 않아도 좋아

확실한 건
네 손을 처음 잡던 날
숨막힐 듯 심장 타버렸으니까

예뻐지려구
더 꾸미지 않아도 좋아

분명한 건
우윳빛 세월의 흔적은
수더분한 매력으로 변했으니까

더 더 더

사랑으로 사랑하자

사랑으로 사랑하자
더더더

사랑 발전소 2

나를 사랑하는
너를 사랑하는
사랑의 숨결
한없이 커져만 가고
오늘이 행복한
노래자락 숨넘어간다

세상이 무너져 내려도
널 향한 내 심장
쿵쾅이는 소리보다는
가녀린 숨소리 정도

나에게 내어 준
기쁨의 눈물은
별무리 쏟아지는
작은 꽃밭 향기 되어
일곱 색깔 무지개 만들어내는
촉촉한 생명

사랑하는 이유를

말하라고 한다면
자격은 없어도
있는 그대로 다 줄 수 있는
솔직한 내 인생 때문

이렇게 우리는
끝없는 이야기 만들어 간다

사랑 발전소 3

그대 보며 행복하고
보고 또 봐도
또 보고 싶은 사람이라고
수도 없이 고백하며
젊은 날을 살아온
가을이 기대된다

거창한 그림은 아니어도
살가운 얘기로 웃어주고
부드런 입김으로 감싸준
세상 가장 아름다운
깨물어주고 싶은 사람이
어떤 의미인지 알 거 같다

당신 정말 매력 있는 사람
나 정말 괜찮은 사람
다른 거 없다
작은 한 마디에 가슴이 뛰고
그윽한 바라봄에 숨이 막힌다
그중에 최고는 당신 내음

가까이 있어도 멀리서도
당신 향기는 정말 신비롭다

사랑발전소
보고 또 봐도

사랑 발전소 4

너와 나 우리
사소한 일상의 기억

내게 힘은 다른 게 아니더라
무조건 믿어주고
잘될 거라는
힘찬 한 마디

웃어서 안심 주고
나 때문에 흘린 눈물
차고 흘러넘쳤기에
이젠 어디라도 함께
걸어가 줄 거다

작은 행복은
슬픔으로도
기쁨으로도
그래도 당신뿐이라는
가슴 따뜻해지는 고백

우리 끈끈한 인연
문득 떠오르는 감정은
화원 가득 피어난 꽃보다
더 예쁜 꽃으로 피어나
은근한 향기 속으로 빠져
기분 좋은 현기증을 불러온다.

사랑발전소
힘찬 한마디
잘될 거라는

사랑 발전소 5

기억에 남는
당신의 예뻤던 모습들
이제는 해맑음으로
오늘을 아름답다 속삭이며
황혼을 예비하는
소박한 일상을 꿈꾼다

해오름이 환상이었던
노을을 기다리던 날
붉어진 내 생각에
당신 얼굴 사과가 되어
두근거리는 심장 내민다

잠시라도 침묵하고 있으면
가슴에 담기고 눈에 밟히는
같은 꿈속 주인공이고 싶은
보고 있으면 행복해지는 사람
오늘도 맛있게 익어가는
사랑시계의 푸른 꿈

사랑 발전소 8

긴 세월 기다림
간절한 기도의 무릎은
삶의 무거운 짐이라지만
버티고 견뎌온
하루를 일깨우는 환희

힘들고 쓰디써도
사랑이라는 이름으로
달콤하다 노래하며
내일을 꿈꾸는
가슴으로 내어준 행복

마음 어두워도
몸이 아파도
영혼 두드리며
생각을 깨워주는
봄날 새싹 같은 희망

사랑 발전소
힘차게 잘 돌아간다

포기

한 마디로
사랑은 포기

내 안에
눈물을 훔쳐내고
당신 심장에
미소를 심어준다

그 무엇도
당신같지는 않아서
정이 없다
익숙함이 그렇다
그래서 항상
처음처럼 마주해야
운명처럼 흘러간다

당연한 게 사랑이야
남들이 뭐라든
손끝만 스쳐도
이유 없이 떨리듯

내 마음 그냥
당신만 찾으니까

포기하고 나니
당신이 가득 채워진다

당신이 가득 채워진다
포기하고 나니

익어가는 동행

예전에는 그랬네요
당신 없이 살 수 없다고
지금은 안 그래요
당신 있어서 행복하다고

하늘이 무너지던 날
입에 달고 살던 말
'죽고 싶어 미안해'였는데
솟아날 구멍 다가온 날
고마워요 사랑해라고

검은 머리 휘날리던 때
새치 뽑아버리고
머리칼 쓸어 올렸는데
흰머리 많아지면서
지긋한 세월 노래하며
허허 웃으며 거울 봅니다

혈기 왕성한 젊은 날
모든 게 당신 때문이야

원망의 열기 가득했는데
앞으로 살아갈 날 얼마일지
다 당신 덕분이야

우리 늙어가는 거 아니네
우리 익어가는 거 맞아

익어가는 거네
늙어가는 거 아니네
동행은

사랑 발전소 6

꾸밈도 치장도 없이
햇빛 아래 민낯
파란 하늘빛 속
우윳빛 발산하고
비를 품은 소나무
한층 초록을 키워
뜨거운 여름을 간직한
예쁜 여인이 되었다

대신 살아갈 수 없음을
뻔히 알면서도
내가 아팠으면 좋겠고
내가 울어주면 좋겠네
당신은 행복하기만 하고
편히 쉬면 좋겠네

가장 큰 기쁨은
당신이 나를 사랑하는 것보다
내가 당신을 더 많이
사랑한다고 느껴질 때가

마음 뿌듯하고 좋아서
아낌없이 줄 준비 되었다네
유통기한 없이

사랑 발전소 7

포비아 득실거리는
코로나 틈새 속에도
꽃내음 가득한
웃음의 거리가 있다

생존의 변방에서
별 볼 일 없는 욕망으로
어설픈 욕심조차도
가야 할 길이라면
그분의 뜻을 물어
믿음이라는 정절로 간다

누군들 애초에 들풀이었을까
시작은 미약했을 테지만
햇살 누림은 공평해서
아침 이슬의 영롱함
창살 넘어가는 설움조차도
비 내린 촉촉한 거리에
청초하게 자리잡았다

역설이다
멈춰버린 일상의 무심함
감당할 수 없는 오열 속
바람 타고 온 그대 향기는
한 장 사진으로
가슴에 꾹 박혀 버렸다

사랑 발전소
시작은 미약하였을 테지만

그러고 보니 1

새벽에 일어났어
정말 신기하네
이 시간에 눈이 떠지다니

잠들게 하는 사람
꿈꾸게 하는 사람
웃게 하는 사람
살아가게 하는 사람
그러고 보니 모두 당신이네

새내기 시절
필수도서 떠올라
추억의 여행 떠나며
나이를 거슬러 간다
살며 사랑하며 배우며
버스카글리아는 살아 있을까
세월 많이도 흘러갔네
그러고 보니
십자가 사랑 이후
매일 사랑의 샘물가에

사랑의 시를 솟아나게 한
사랑꾼의 스승이었네

사랑 사랑 사랑
사랑이라는 두 글자에
삶과 죽음이 공존하며
지금 여기까지 왔네
그러고 보니 사랑이 전부네
사랑 하나로 충분하네

사랑꾼의 스승이었네
사랑의 시를 속아나게 한

그러고 보니 2

참 간지럽지만
정말 아름다운 말
"자기는 웃는 게 예뻐"

웃음 빼앗겼던 시절
왜 그랬을까
그러고 보니
내 잘못이 크네

좋아하고
사랑한다는 게
별거 아니더라
눈빛만 보아도
숨소리만 들어도
눈치챌 수 있더라

남들이 닭살이라지만
매일 해 주고 싶은 말
"자기 진짜 예쁘다.
정말 사랑스러워"

그러고 보니
우리 사랑하는 거 맞네

자기는 웃는 게 예뻐
남들이 닭살이라지만

계절이 가고

푸석푸석한 차림으로
단풍의 계절
맞을 수 있다면
아마도 그건
낙엽 구르는 소리도
효과음으로 내려앉아
혹독하게 휩쓸고 간
바이러스 폭풍우를
한 번쯤은 웃어줄 수 있겠지

소박하게 살다 보면
오늘 하루가
덤으로 주어진 행복이라고
감사기도 드리게 될 거야

어떤 이유로라도
내 사람을 안아줄 테니
그 어떤 표정도
가볍게 던진 한마디도
사랑할 수밖에 없는

전부 내 것이 될 거고
가을 깊어가면
사랑은 더 깊어지겠지

사랑은 더 깊어지겠지
가을 깊어가면

가을을 꿈꾸자

나뭇가지 흔들림
쉼으로 꿈을 붙잡아
다가오는 가을을
함께 노니라 한다

힘든 외마디
이내 파란하늘 잠그고
때가 때인 만큼
문틈으로 찾아오는 햇살이
감성 가득 영글게 하니
오랜 시간 먹구름에 잡힌
터질듯한 태양은
될성부른 희망으로 안긴다

님이 그리워지는
만추는 멀었어도
정이란 녀석이 웃고 있어
세상 심란함
점점 더 따뜻해지는
촉촉한 가슴에 묻고

사랑 노래 시 한 편
밀고 들어온다

밀고 들어온다
사랑 노래 시 한 편

그러고 보니 3

그러고 보니
모든 날 모든 순간
그리움 가득
내 사람

마음이 힘든 날
눈물 철철 내리는
사모함 가득
그러고 보니
내 사람

그러고 보니
사랑은 머물다 잠들고
잠들다 안아주고
예쁜 마음 가득
내 기쁨

인생을 논하러
사랑을 찾으러
마음 열기 가득

그러고 보니
내 소망

그러고 보니
활짝 웃던 날
밤 꼬박 새운 날
사연도 자긍심도 가득
그대는 이미 나
내 안에 삶

사랑 발전소 9

당신이야말로
지치지 않는
내 그리움

사람들
당신을 지나쳐도
내겐
태풍의 눈
긴긴 장마 전선
홍수 주의보
사랑 가득할 테니

하찮은 사랑이라고
사랑 없다고
그게 아니다
사랑이 없는 게 아니라
당신이 없으면
사랑이 아닌 거니까

초록 잃어가는

여름 이별의 눈물
물먹은 옷 벗어
낙엽에게 주고픈데
끝끝내 버텨보려
구멍 난 이파리 흔들고
그 안에 당신 그린다
처음도 지금도 마지막도
사랑일 테니까

사랑발전소
태풍의 눈
당신이야말로

말도 연가

— 고군산군도 말도에서

끝자락의 숨결
처얼썩 처얼썩
뜨거운 태양에게
말을 건다

숨막히는 하늘
숨넘어가는 구름
때맞춰 비행하는 갈매기
천국행 뱃고동 소리
옆에 당신 있어야 했다

갯바위
세월을 낚는 사람
화폭에 들어온
기다림 동행의 모델

아쉽지만
빈 하늘에
당신 얼굴 그리며
노래 한 소절 띄운다
당신은 나를 사랑하는 파도

나와 당신

당신의 시작이 나였듯
나의 처음은 당신

가슴 뛰는 숨소리가
사랑해라고 외쳐도
여전히 달려가며
황홀한 봄날 원색으로
노랑이 지쳐
흐드러진 개나리
초록을 부르면
겨울날 주머니 속에
꼭꼭 숨겨두었던
하늘이 그렇게도 아끼던
눈에 넣어도 아까운
뜨거운 심장으로 잠든다

나의 시작이 당신이듯
당신의 처음은 나

사랑 발전소 10

처음
순수 그대로
에덴에 살고
아름답다고 하는
원시의 말을
회복하고 나면
들려오는 소리
"보기 좋아"

혼자 아닌
둘이 수 놓은
별자리 꿈길
유성조차도
아련한 눈길 주니
들려오는 소리
"행복해"

미소
위로의 손
함께하는 노래
잔잔한 안아줌

따스한 숨길로
들려오는 소리
“사랑해”

사랑 발전소
순수 그대로
처음

의미

투명한 하늘 그리워
가을을 부르는
맑은 목소리
창문 두드리는
세찬 비 내림에 잠겨
내일로 헤엄쳐 간다

영원이라는 말
끝이 없다는 말
언제나 해주고 싶은
아낌없는 선물
순간도 놓칠 수 없는
둘만의 밀어
어떤 표현으로도
정겨움 가득한 마주 봄

콕 꼬집어 의미를
부여하지 않아도
변치 않는 그리움이
쏙쏙 묻어나는 것만으로

존재의 이유 분명하고
가슴 채워지는
낭만의 계절 걷고 싶다

변치 않는 그리움
의미를 부여하지 않아도

그러고 보니 4

믿을 수 없어라는 말
많이 했는데
사랑은 운명이라는
그러고 보니
당신과 나 그 이상

손편지 쓰던 시절
까까머리 중학생
바다 건너 지구 반대편
가슴 떨리던 펜팔 소녀
그러고 보니
가슴 뛰는 첫사랑 희망사항

영등포 로터리 심지다방
심장 뛰는 소리 들릴까 봐
한겨울에도 진땀
두눈과 가슴속 당신 저장
그러고 보니
다 표현할 수 없는 게
사랑의 진실

그러고 보니
사랑은 추억으로 시작하고
당신으로 완성되는
물러설 수 없는 행복

사랑의 진심
다 표현할 수 없는 게
그러고 보니

사랑 발전소 II

사람들은 그러더라
살다 보면
그리움
사랑이라는 말은
사치라고

생각이 깨우쳐 준다
하루만 살 것처럼
허우적대니
거기에 무슨
애틋함이 있을까
아마도 날 시샘하는 듯

슬며시 꼬리 감추는
여름날 짜증
한 모금 냉수에 녹아져
소확행 따로 없다
만추에 여행 떠날 테니

황무지 바람 불고

소리 없이 꽃피어
성큼 찾아온 향기
가을로 달려간다

사랑 발전소
소리 없이 꽃피어
황무지 바람 불고

가을로 가는 연가

연민은 아이의 눈처럼
맑게 하라는 말
가을 하늘 타고
잔잔하게 내려온다
사랑은 믿음이기에

빨리 잊어버리고
지워버릴 수 있는 건
용서를 품고 있는
넉넉한 마음
편안하다 고백하는
아낌없는 배려 때문

단풍 물들어
가을 깊어가는 길목
따스한 차 한잔에
그리움의 노래 올려
은은한 향기 마중으로
달빛 물들어 춤추는
우리 숨 쉬는 들녘
사랑 푹 익어간다

당신 덕분

굳이 말하지 않아도
사람을 먹고 사는 인생이
가장 큰 행복이라고

모든 것 다 가졌어도
사람의 풍성함 없다면
쓰라린 후회일 테니
사리지 말고 나아가라

빛나는 삶이라고
부드럽게 쓰다듬어
스스로 복된 인생이라
아낌없이 칭찬한다

살 만큼 살아보니
사람이 넓어지고
마음이 깊어진다
베풂의 바다로 항해하니
인생이 황홀하다
다 당신 덕분

사랑 발전소 12

보고 있어도
보고 싶지 않다면
그건 확실한 권태기
살아가면서
몇 번은 찾아오는
얄궂은 손님인데
낯설지 않으면그건 분명한
사랑의 디딤판

너무 기쁜
작은 행복이라고
외칠 수 있는 건
당신에게 작은 힘
되어주는 마음

동행의 흐린 날
가을 파란 하늘빛
웃음 가득 담아
비춰주면 좋을 거야
두근거려야 살 수 있으니까

그래서 사랑이라 한다

눈물이 가려지는 건
소망의 춤판
함께하는 향기
터져 나오는 오글거림
그래서 사랑이라 한다

얼룩진 상처
퇴색시켜 버린
당신 안에 가득한
반짝이는 열망
은은한 내 안의 열정
그래서 사랑이라 한다

에덴의 환희
탐스런 선악과
순종으로 적신 순수
평생 갖고 싶은 울렁거림
오늘도 가슴 뛰는 동행
그래서 사랑이라 한다

우리 인연

새벽 미명
밤새 꿈길 달려온
잠 덜 깬 눈으로
맘으로 물어버린 사랑
눈꺼풀로 잡아 놓고
가냘픈 숨 몰아쉬면
폐 깊숙하게
행복이라 새겨진다

몇 번이고 새롭게
혼자인 줄 알았는데
옆에서 박자 맞추는
은근 흥겨움 따라
영원한 동행 소망하는
사랑의 플랫폼
한 자락 트롯 필 받는다
"니가 왜 거기서 나와~?"

우리 인연
그래서 정말 끝내주는 거야

제2부

닥치고 사랑

행복 확인

하루
일 년
그리고
수십 년 흘러온 지금
정말 잘 되었다고
웃음으로 끄덕이는
삶의 푸름은
최고 기쁨조 우리

사랑은
괜히 사랑이 아니다
하늘이 바람에 쓸려
가을맞이하듯
마음은 당신 눈길에 씻겨
불덩어리 단풍이 되고
찡긋 눈감아
추억여행 떠날 기세

당신은 나를
난 당신을

사랑할 수밖에 없는
신의 선물로 규정한다

하늘에 바람에 쓸리듯이
괜피 사랑이 아니다
사랑은

가을 행진곡

잠 안 오면
하늘 보고
보고프면
노래하라

밤이 가려면
귀뚜라미도
실컷 울어야 하니까
달빛 그림자
살며시 불러내고
별무리 속에
헤엄이라도 치자

오늘이 답답하면
어제를 잊고
내일을 마중 나가자
어떡하든 결론은
꿈도 희망도
사랑을 노래하니까

눈물, 피, 향기, 미소

사랑에 눈물이 있을까
추억은 기억으로
웃음 한장 만들고
총천연색이라고 우겨도
흑백의 질감으로
심장을 긁어댄다
사랑에 피 묻어난다

추억에 향기가 있을까
시간이 잠들고 나면
아프다 토해냈는데
감상에 젖은 느낌으로
내 것이라고 외치면
메마른 땅 갈라진 틈
들꽃 한 송이 피어난다
사랑에 미소 묻어난다

가을로 가는 연가 2

여름 휘저었던
습한 바람
가을 문턱 걸터앉아
하늘하늘
지쳐가는 초록 흔들고
남들은 우연이라지만
애틋한 인연
함께하는 그림자 되어
오늘은 어화둥둥
내일은 어기야랏차
지칠 줄 모르는 열기로
소중한 사람이라 부르며
다시 한 번
사랑의 포옹 리마인딩
역시나 사랑은 위대하다
바람 더 갈색이 되면
사랑의 빛깔 더 붉어질 거야

크레파스와 연필

크레파스를 들자
유년시절
손가락 묻혀가며
삐질삐질 그렸던
도화지 속 추억들
하늘 도화지에
님 얼굴 그려보자
클레오파트라 우습네

진한 연필로
꾹꾹 눌러 사랑을 쓰자
얼마큼 편지를 쓰면
목마름이 사라질까
사랑한다 사랑한다
하얀 종이 흑심 젖어든다
아가서 따로 없네

그래서 사랑이

생각났다 그 말
사랑하지 않을 거라면
떠나고
떠나지 않을 거라면
사랑하라는

알았다 그 말
사랑해서 머물렀고
떠나지 않아서
행복했다

누군가 그랬지
실연을 겪은 후
마라톤을 시작한 이유가
땀을 흘리고 나면
눈물 없을 거 같다고

바보
그럴 거였으면
그건 이미 사랑이 아니지

사랑은
눈물이 흘러넘쳐도
실연이 될 수 없는 거란다

울다 보면
아픔도 미련도
세월 속에 사랑으로
새겨지는 거
그래서 사랑이 좋은 거야

새겨지는 거
세월 속에 사랑으로
아픔도 미련도

사랑 알아차리기

오늘을 걸어가니
함께한 사람의
어제가 아련하고
내일을 바라보니
사랑하는 사람의
기억이 따뜻하다

마음 움직이는 힘
진실이라 했기에
아닌 척 괜찮은 척
발 아래 던지면
희망을 운명처럼 만난다

받는 사랑 좋지만
주는 마음 행복하기에
알아주지 않아도
웃을 수 있다

작은 정 하나로
숙명의 강을 건너

영원한 천상의 인연
위로와 칭찬으로
단단하게 묶어주면
살아가는 힘
버틸 수 있는 기쁨
풀어질 수 없는
늘 가슴 뛸 수밖에 없는
진짜 사람이라고
단박에 알아차린다

명약

그랬었지
어떤 아픔도
눈물도
세월이 약이라고

그렇게 알았는데
지나고 보니
행복은 아주 단순함
사랑을 아는 마음
사랑을 주는 마음
약 따로 있네

그땐 왜 몰랐을까
혼자인 게 좋았을 땐
두근거림 없기 때문
누가 뭐래도 이젠 안다
오늘 최고의 명약
바로 당신이란 걸

감성

가장 좋은 건
말없이 곁에 있어 주는
보석 같은 침묵
그 자체로 위안이다

언제나 그랬듯
사람은 흔적을 남기고
지울 수 없는 추억
오늘을 살게 하는
살가운 하늘의 선물

그래서 행복은
작은 감동으로 새겨
마음 열어 안아주는
아름답기만 한 순수
오랜 친구 같은 연인
동행의 노래

실시간 사랑

사랑하면 예뻐진다구
사람들이 그러는데
당신은 처음부터 예뻤지

인연을 평가하는 게
우스운 일이지만
헤프고 어설픈 인연은
고통이고 추하더라

비바람에도 초라하지 않은
해맑은 한 송이 향기로
늘 그리움을 부르는
달콤한 편안함

말 못하는 떨림이야말로
사랑을 숨겨두는
들켜버린 관심의 가면
소리 없는 행복의 외침

입꼬리 올라감으로

다 보인다고 하네
웃어요 웃어봐요
말해요 말해봐요
나중 아니고 지금
실시간 사랑의 정답

실시간 사랑
나중 아니고 지금
말해요 말해봐요

사랑 그 단순함

동화 속이든
소설 속이든
사랑을 품었더니
선녀로 내려온
참 고운 처자
긴 세월 자리 지켜
황후 되셨네

먹구름 속 태양
고개 내밀어
온통 붉은 하늘
조금은 쓸쓸한 날
폼나게 거리 나서
가을이 되었다

살아가며 착각이
청춘이라 사랑한다고
한참을 빗나간 생각
사랑하기에 청춘이 된다
사랑하기 딱 좋은 나인데

뭐가 부러우랴

눈부시면 눈 감고
설렘 가득하면 걷고
가슴 뜨거우면
달려가 안아 주면 되지
사랑 단순한 거야

달려가 안아 주면 되지
사랑 단순한 거야

사랑 방정식

운명이라고
말할 필요 없다

까마득한 날에도
어제도
어라~
오늘도
껌딱지처럼
곁에 있는 거 보니
종점도 같을 거야

늘 그랬지만
누가 봐도 그렇겠지
당신과 나
주어와 목적어는
똑같으니까
이게 사랑 공식이야

감탄사

행복은
혼자보다 함께
아, 당신

아픔은
감춤보다 보여줌
아, 당신

사람은
말보다 행함
아, 당신

오늘도
내일도
늙어감도
삶도 죽음도
끝까지 함께
아, 당신

Nonfiction

사랑의 신비가 있다

한 편의 드라마도
시작 한참 전부터
예고편을 보여주는데
우리 사랑은
서로 다른 세계에 살다
우연 같은 필연으로
동행의 티켓을 끊어
후속작 없는
매일 상영작 등록했다

햇살 눈부시다고
웃음 가득한 삶 아니고
티 없는 하늘이라고
평생 꽃길 아니다
생각할수록 신비의 연속
평범한 듯 다정한 듯
줄거리 슬슬 보이면
표현하기 힘든 그거

어제인 듯한 첫 회인데
마지막 회 해피엔딩 예약

사랑의 신비
표현하기 힘든 그것
매일 상영작 등록했다

가을 사랑 1

갈색 그리움 낭만 거리
온기 가득 차 한잔
가을 사랑
멘트 없어도
분위기 잡히는
기막힌 계절
가슴에
두 눈에 담으려
손 씻고
얼굴도 가리고
거리를 두고라도
달빛 숲으로 간다
구름 뒤로 숨어
어둠이 무섭다면
안아주면 되고
전해지는 따스함
시키지 않아도
사랑한다고
벌써 말하고 말았다

의미 2

예부터
달빛은 그리움
별빛은 외로움
그래서 유난히도
그렇게 반짝였나 보다

시절이 아름다운 건
두고두고 품어온
좋은 날 좋은 사람
끝없는 고백
쿵쾅이는 가슴 때문

늘 아쉬움이 남는
여백의 시간이
사랑의 속성이라고
흘러간 시간이 말하면
다가올 내일은
한 번 더 안아주며
사랑한다 말해주며
세월 그것은 안성맞춤

사랑 내 안에

세상에서
가장 가슴 먹먹한 건
떠난 사람 놓지 못한
미련이라지만
긴긴 시간
열병을 앓아서라도
그리움을 품었다

파란 하늘도
눈 부신 햇살도
우리 위하여
펼쳐져 있으니
특별한 거 딴 거 없다
가을로 가는 오솔길
거기가 놀이터
감출 수 없는 기쁨
사랑이 왔다

그럼에도

행복과 슬픔의 간격은
남음과 떠남
증오와 공포의 거리는
변질과 배신

고통과 만족의 표정은
실연과 동행
감사와 평안의 기도는
자족과 배려

연정과 신뢰의 노래는
낭만과 희열
감성과 이성의 현실은
영원과 오늘

그대 그리고 나
시와 사랑
오늘도 치열하게 샘솟는다

편지 쓰기

의미 없다고
투정 부리기에는
함께한 모든 날
아름다운 추억이고
천상의 하모니

이 가을에
김남조 시인이 생각나는건
낙엽 길 위에 깔리고
편지 한 장
정성스레 쓰고 싶어서

미사여구로
표현할 수 있을 만큼
사랑이 쉬운 게 아니라서
상처도 흠집도
그 어떤 눈물도
가슴으로 안아줄 거야

인연이란 건
아무리 떼를 쓰고

우겨댄다고 해도

지워지지 않는

사랑의 이름으로 찍힌

낙인인 거야

편지 쓰기

낙인인 거야

사랑의 이름으로 찍힌

가을 하늘만 같아라

쏟아내고
다 주어도
변하지 않는 하늘
언제까지나
푸르겠다고 하늘거린다
꼭 누구랑 똑같네
사랑 하나로 충분하다고

설렘이 사라지고
떨림이 없어지면
그건 사랑이 아니라
의리가 된다고
정말 멋없다

다들 알아서 살아라
그러든 말든
난 하늘을 닮은
그대를 바라볼 테니
어제도 그리웠고
오늘도 사랑하고
내일도 안아줄 테니까

애수

외로워 못 살겠다는
가여운 사람 마음을
눈이 시린 가을 하늘이
말해주는 건 뭘까
살아오며 발견한
작은 진실은
맑은 영혼이라 불리는
곱고 착한 사람이
더 깊은 외롬을 타더라

정겨운 가을 햇살 불러
노닥도닥 추억 얘기하다
바람이 손짓하는 곳
꿈에 그리던 오솔길
거기서 차 한 잔 마주하면
그때 함께한 섬
애틋한 그대 향기에 취해
잠이 들어버리고 말 거야

긍정 인생

쏜살같은 인생도
사람을 추월하진 마라
슬픔은 영원하지 않고
아픔도 잠들 때가 있어
사는 게 그러려니 하면
기쁨이 마중 나와 있다

인생 혼자라고 울지마라
아무리 힘겨워도
오늘의 해는 또 오르니까
텅 빈 마음으로 하늘 보면
짜릿한 수채화 그려지고
금세 별 총총 밤하늘
떨칠 수 없는 그리움은
연정으로 가득 차 온다

바이러스 태풍이든
빈곤의 골짜기든
비바람 오면 맞고
아프면 심하게 앓고

슬프면 속 시원히 울면
인생 살만하다

인생 살만하다
슬프면 속 시원히 울면
아프면 심하게 앓고

그래서 내 사랑

구름발치에 가면
가을이 한걸음 가까이
다가올 거 같아
꽃보라 헤치고
바람을 맞는다

어린 시절
논들밭들 헤집고 다닌
흙냄새 가득한 날들이
머리카락 희끗해진
곰살궂은 사람 되어
아련한 기억으로 자리한다

단물나도록 입은 옷처럼
보고 또 봐도
아주 익숙한 체온으로
오늘을 웃게 하고
내일의 희망을 꿈꾼다
그래서 내 사랑이라 한다

사랑다움

누군가 그랬지
행복을 완성하려면
다른 사람을
채워주라고

사랑이 황홀하려면
마찬가지
나를 비워야
웃을 수 있다고

꽃이 짧은 날이듯
동행의 끝이 있기에
함께하는 동안
자꾸 계산하지 말고
맘껏 안아주어야
있는 그대로 예뻐진다

구름에 달 안기듯
세월에 청춘 불타듯
사랑이 그네를 탄다
아주 삼삼하게

추억 불러오기

낭만을 꿈꾸던
젊은 날 종로거리
하늘이 많이 퇴색했다

만남의 장소
종로서적도 사라지고
폼잡고 우쭐대며
쓴 커피에 한잔에
알지도 못하는
클래식 음악 감상하던
르네상스 음악 감상실도
추억 속에 잠들고
오백 원 한 장에 허기 채우던
뒷골목 오백냥 하우스
꿈같은 시절이다

이십 대 청춘들을 보며
인정사정없이
그 시절이 그리워지는 건
어쩔 수 없이 나이 먹어가는

꼰대의 추억인가 보다

이제 당신과 함께
우리 만남과 사랑의
추억을 더듬어 가야겠다

추억 불러오기
그 시절이 그리워지는 건
인정사정없이

사랑이니까

무서운 어둠은
밤하늘 별 되어
곁에서 비춰주고
고요함 안아주면
소꿉장난 아니어도
걸음 맞춰주고
손잡아 주면
달빛이 포근하다

그냥 흘려버리면
지나간 한 살이 웃고
그냥 맞아주면
행복한 내일
당신 앞에 서는 것으로
사랑은 피어난다

내가 없고
당신이 없고
가슴 아픈 것보다는
내가 있고

당신이 있어서
특별한 날들이 좋다
그게 사람이니까

사랑 부자

가장 바보 같은 말
사랑을 증명해보라는
철부지들의 타령
씁쓸한 입맛

유통기한 운운한다면
차라리 무인도
하늘과 바다의
구름과 파도로 사는 게
민폐 없는 지혜의 삶

사랑은 마음으로 보고
현실로 안아주는
참 신비스런 계약
하나만 준 것 같아도
그건 이미 하나된 전부

살아갈 행복 간단하다
비교하지 말고
부러워하지 않으면
자족함으로 부요하다

늘 사랑 부자로

오늘처럼

부러워하지 않으면
비교하지 말고
행복 간단하다

존재의 이유

우리는
다시 만나기 위해
태어났다고 하는
누군가 한 말의 의미를
잘 몰랐는데

곁에 당신이 없다면
못살지는 않겠지만
남은 삶 건조하고
가득할 쓸쓸 우울함에
만남이 함께함이
얼마나 특별한 일인지
당연히 끄덕끄덕

긴 세월을 두고
닭살 돋는 표현
예쁜 사람이라고
말해줄 수 있음은
여전히 맑은 생각이
아름답게 묻어나기에
눈먼 사랑 진행형

가을 사랑 2

정말 뜨거웠던
여름날 태양
가슴 쥐며 숨 막히는
포옹의 순간도
한순간 가을 향으로
너풀거리며 내려오니
덕수궁 돌담길
광화문 연가 들으며
낙엽 좀 밟아주고
코트 깃 한 번 세우면
가을 멋쟁이 사랑
어느새 주인공 되어
흑백 스크린 펼쳐진다
추억을 먹고 살 만큼
참 좋은 날 함께 왔네

사랑은 순례

당신과의 만남은
하늘이 맺어 주었고
오늘의 사랑은
우리의 애씀으로
더 예뻐졌다

욕심만큼
다 채워주진 못해도
언제나
곁으로 달려갈 수 있으니
힘들어도
지치지 않는다

당신 하나로
너른 세상
가장 큰 놀이터 인증되고
감동이란 거
황홀함이란 거
신세계 여행하지 않아도
사랑 안에서
하나둘 소중히 챙긴다

어차피 인생도

추억도

그리고 사랑도

우리가 펼쳐갈

순례이기에

사랑도 추억도 순례

인생도

Endless love

— 양구 박수근 미술관에서

도화지 한 장 준비하고
점점 깊어가는
가을 하늘을 만나며
양구 땅
박수근 화백
사진 한 장
꿈길을 막아서며
낙엽이 놀자고 한다

영화 속 한 장면
뒤돌아보지 않는
헤어짐의 눈물이
여전한 사랑을 꿈꾸는
곱디 고운 인연에게
언제까지라도
내 안에 뛰어놀으라
기분 좋게 방목시킨다

사랑은 끝없이 주는 거니까

사랑 참 2

사랑 참 쉽다
언제든 가슴 열고
만날 수 있으니

살면서 숱한 오해
찡긋 웃어주고
정성스레 토닥토닥
두드려 주면
금새 눈가에 웃음
한번 찐하게 안아주면
천국이 저기서 달려온다

기대하기보다는
기대감을 줄 수 있는
비밀의 정원 되어
값진 인연의 노래로
꽃향기 만발할 때까지
가고 또 가보자

우리 사랑
참 좋다

사랑 참 1

사랑은 어렵지 않다
복잡하지도 않다
복잡하고 어렵게 생각하는
그 사람이 문제

아주 단순하게
사랑을 품는다
바람 불면 안아주고
비가 오면 우산 받쳐주며
배고프면 상 차려준다

없는 걸 하려는 건
참사랑이 아니고
해줄 게 너무 많은데
하찮은 것이라 판단하는 건
진짜 사랑이 아니다

있는 만큼 줄 수 있고
최고의 정성이라 끄덕이면
마음 넓어지는 거

그게 자연스런 사람

사랑 참 편하다

사랑 참 좋다

사랑하니까

바람 불면 안아주고
비가 오면 우산 받쳐주고
배고프면 상 차려준다

오늘 문득

창문 밖
흐린 가을 하늘
유난히 쓸쓸하다

힘없는 낙엽 보니
곁에 두지 않았던
죽음이라는 단어가
급하게 치고 들어온다

죽음을 끝이라 생각했던
어리석은 시절은
별 볼 일 없었는데
영원을 가슴에 품으니
심오함이 무겁고
책임감이 중증이다

내가 먼저 천국행 열차
희망사항 강렬한데
남겨질 사람이
못 견딜 것 같아

같이 가자고 졸라야 할 참
하늘이 아실 테니
그리 되겠지
둘이 손 꼭 잡고
심심하지 않게 갑시다

사랑 여행 2

꿈을 꾼다
기억도 없는 날
수첩을 뒤적이면
하나씩 고개 드는
추억의 날들 웃음
얼룬 메모장 열고
사랑만큼 고운 것 없는
가슴 속에 피어난
연분홍 이야기 읽으며
운명이라 노래하니
행복이 저만치서 손짓한다

버거운 삶 보듬어
충분히 넉넉한 자리 만들면
하늘도 신나게 뛰고
사랑스런 사람 어루만져

세상 다 품어주고
다가오는 슬픔마저도
몸에 밴 고백처럼

일상의 사람으로
가을 여행 떠난다

저만치서 손짓한다
행복이

사랑여행 3

거울을 본다
매일 매일 나를 만나며
기쁨도 슬픔도
사랑도 미움도
표정 속에 묻어나고
다짐도 결심도
굳세게 달려왔다

인연을 잡은 손
땀이 배어도 놓을 수 없는
간절한 절규가
아주 작은 탑으로 올라
별천지 구경 못 해도
당신 하나로
허물어지지 않는
성이 되어 버렸다

매일을 그리워하는 그리움이
짧고도 먼 길
심장에 박힌 별빛으로

깜빡 깜빡이며 걸어간다
하늘 문 입구까지

굳세게 달려왔다
다짐도 결심도

만추

오랜만에 밟아보는
낙엽 밟는 소리
바스락바스락
따가운 가을 햇살을
산산이 부수며
발바닥부터 올라오는
지난 여름 날 초록
자신만만한 날개짓은
예고도 없이
붉은 빛깔을 받아
하루아침에
쓸쓸함의 추억이 되고
아름다워 미칠 것 같은
들꽃 향기 흔들림에
어여쁜 당신의 자태
포근하다 속삭이며
깊어가는 계절을 노래한다.
이렇게 푸른 하늘은
차가운 노을에게
울지 말라고 구름을 보내

와락 안아준다.
사랑은 누가 뭐래도
끝내주는 분위기다.
당신이기에···

바스락바스락
낙엽 밟는 소리

사랑 여행 4

꿈속의 나들이가
아픔이 되는 날에는
편지지 꺼내놓고
검정색 잉크를 흘려 쓰고
차가와지는 대지에
뭔가라도 끄적거리면
매일이 만족한 삶이기에
세상을 웃음으로 맞는다

간절함이 더해지면
소중한 인연이 따뜻하고
감사함이 차고 넘치니
행복이 춤을 춘다

서툴게 시작한 행진이지만
수북하게 안겨진
투박한 꽃 한 다발에
풀 내음 황홀한 들로
손잡고 달려 가보자

거기에 꿈이 있으니까

거기에 사랑이 부르니까

거기에 사랑이
거기에 꿈이

사랑 여행 5

사랑은 행복을 불러오는
기쁨 가득한
곱디고운 충격
희미한 떨림으로도
불사르는 혁명의 역사

다 스러져 황량해져도
눈빛으로 알아차리고
심장 터질 듯한 눈물로
별리의 아픔일지라도
재회의 숙연함 안겨주니
하나 되어 마냥 따뜻했던
화려한 날 고백은
아무리 유치해도
숙연한 진실의 동굴

사랑은 역사를 만들어 간다
창조주의 동행
당신과의 동행

사랑 여행 1

비가 좋아
그리도 눈물이 많았나

별빛 속에서
꿈을 먹고
당신을 쉼터로
나를 종이배로
소망의 나루터
빗물 찾아 떠난다

오늘도 어제와 같이
사랑하는 맘 가득하니
예쁘기 그지없고
이유 없이 소중하다

여전히
가슴 타고 내리는 비
내일을 향해
기대되는 항해
흠뻑 젖어 출항한다
저 본향까지 함께

가을 인생

삶이 매력적인 이유,
너무 짜릿한 건
감정의 표정들이
그냥 그대로 자연스러운

사랑할 수 있을 때
닥치고 사랑하자는 카피가
왜 웃음이 자꾸 나는지
아주 유쾌해진다

밤이 지나고
또 하루 도망가 버려도
점점 더 끈끈해지는 대화
정이 넘쳐 흐르는
자연스러운 휴식

홀딱 벗은 가을 나무
차가운 공기에 부탁한다
조금만 더 기다려 달라고
아직은 더 안겨 있어야

심장 소리 평안하다고

사람은 아파도 슬퍼도
눈물 닦고 웃으며
말없이 포옥 덮어주는
그러니까 묘약인 거다
신비할 수밖에 없는

조금만 더 기다려 달라고
차가운 공기에 부탁한다
가을 나무

가을 비상

인간의 일생은
자신에게 도달하기 위한
여정이라는
데미안의 글귀가
깊어가는 늦가을 밤
마음을 적신다

참 행복이란 게
사랑하는 사람이
더 행복할 때라는
단순한 외침을
나를 송두리째
기분 좋게 내어주며
포근해지는 속삭임으로
꿈을 꾸게 되는 행진이다

하나 됨의 뜨락이
심장 건드리며 터지는
눈 시린 파란 하늘에
한 마리 새 날갯짓으로

질펀한 그리움 그리고
사랑이라 쓴다

사랑이라 쓴다
한 마리 새 날갯짓으로

사랑 노래

고마운 사랑
예쁜 사랑
그것만으로
살 만한 날들을
따지지 않고 누리는
소소한 행복의 날들이다

가끔 생각만 나도
괜찮은 사람인데
거울 보듯 익숙하게
편한 얼굴로
같은 하늘을 가르며
그리움의 꽃
편하게 붓칠한다
이미 곱게 새겨져 있지만

오늘이 좋은 날이라고
말할 수 있음도
정말 짜릿한 말이
생각났기 때문이다

날아가지 않고 흔들리는 건
뽑히지 않는
당신 안에 뿌리내린
꿈의 정원이 있어서

꿈의 정원이 있어서
당신 안에 뿌리내린

분홍빛 연가

눈뜨면
향기론 꽃 한 송이
기대 가득한
눈망울로 다가와
어젯밤 하늘
반짝이던 별빛
희망이라 노래하며
오늘의 온기를 품는다
사랑의 향연이라고

오랜 시간
두근거림 사라질 즈음
파랑새 찾던
무지개 건너편 메아리
한걸음 내 달려
정 깊은 날들 마주 봄으로
힘껏 사랑이라 외친다

그렇게도 간지러운
손길 닿은 마음에

얼굴 부비며 다가서면
더이상 말하지 않아도
훈훈한 어깨동무
첫 번째 고백한 날
떨림이 웃음 짓는다
여전히 당신뿐이라고

닥치고 사랑

살아 숨쉬는 건
거스를 수 없는 숙명이겠죠

누군가의 운명으로
숙명적인 사랑을
운명적으로 노래합니다

피할 수 없는 숙명
피할 수 있는 운명
그 무엇이든
오는 건 막을 수 없는
천생인연

우리
운명적 만남으로
숙명적 동행 되고
더 높은 곳
당신과 함께 누리는
견딜 수 없는 사랑 자리
오르고 또 오릅니다

그 어떤 운명도

그 어떤 숙명도

우리에겐 말장난

언제나 그랬듯

언제까지나

사랑 하나로 충분합니다

마주 보면

언제나 좋을 수는 없지만
항상 따뜻한 사람으로
살아갈 수는 있다

감정의 실타래 굴려
일부러 애틋할 필요 없고
초라하지 않게
서로에게 위로되고
영혼 건강 위해
가끔 체념도 풀어놓으면
반짝이는 감정
눈가에 촉촉해진다

단점 없는 사람은
장점도 없다고
그래서 그런가
연약함을 쓰다듬고
쉼터가 되어준
휴식 같은 동행

더 많은 것 얻기보다

지금 누리는 것으로
자족하며 감사하고
작게 느껴지는 날에
끌림이 되어주는
살아있는 거울이 되자

살아있는 거울이 되자
끌림이 되어주는

사랑 예찬

나를 사랑하는 진실
비교할 수 없는
사랑 가득 입은 삶
예쁨 가득한 날들
환희의 숨결 피어나며
내일의 꿈 넘쳐나는
그리움 아파한 시간
기다림의 아쉬운 순간

떨어지는 잎새 눈에 밟히면
영화 같은 인생 살아온
눈감아야 떠오르는 날들
노래할 수 없다면
귀라도 열어 들으며
마음 가득한 느낌을
사랑한다는 한 마디로
쑥쑥 자라나게 한다

세월 하나 더 품으면
덩달아 정도 깊어지고

함께 가는 것만으로
행복이라 노래한다

사랑
노래할 수 없다면
귀라도 열어야 한다

사랑

당신의 기쁨이
내겐 행복

늘 그 자리에 있는
순수한 미소
그래서 더 예쁜

옆에서 걸어야 하는
아기 같은 착각도
그대만의 매력
언제나 공주처럼

눈빛으로
마음 헤아리는
섬김의 끝판
마냥 믿어주는 천사

쌓다 보면
인연이라는 말 안 해도
이미 하나로

걸어가고 있네
우리

내게 행복
당신의 기쁨이

딩동댕

당신이
내 전부라는 말이
언제부터였을까요
돌아보니
내 사람이 되기로 결심했던
첫 만남의 행적이네요

약혼의 설렘과
결혼까지의 수고가
미치도록 긴긴 날들이었고
두손 잡아줌의 온기는
아름다운 우유빛 향기
매일 매순간이 갈망

홀연히 떠나간 외로움
감사하지 못한 누림
삶의 여정은 오늘도 가고
이젠 들꽃 향기조차도
해맑은 소망의 노래로
사랑의 텃밭에서

함께하는 행복으로
무럭무럭 자라난다

사랑 하나로 충분한 이유
설명이 필요 없다
옆을 바라보면 정답 있다
딩동댕~

옆을 바라보면 정답 있다
설명이 필요 없다

로맨티스트

여전히 분홍빛으로
아침을 부르며
하늘을 닮은 맑은 눈동자
배 한 척 띄워도
충분하게 출렁이고
작은 등대 깜빡인다

숲에 마음 묻고
강물에 사랑 띄우면
햇살 눈부시게
억새 한들거리니
멋스런 벤치라도 있으면
떠나가는 가을은
한 편의 영화 되어
사내 가슴 작신 적시고
훨훨 날아
자유 영혼 될 게다

날이 더 차가와져
바람꽃이라도 서성거리면

시린 마음 더 힘주어
내 여인 힘껏 손잡고
무조건 달려나가리
누가 사랑꾼 아니랄까 봐

무조건 달려나가리
내 여인 힘껏 손잡고

사랑이라 한다

습관처럼 익숙한
고독이란 말
술하게도 끄적거린
이십 대 청춘의 날
그 밤들이 생각나는 건
지금 중년의 모습
서서히 보내줘야 하는
석양을 떨궈야 하기 때문

외로워도
썰렁한 들로 나가야
하늘도 보이고
무엇보다
삶의 냄새를 맡을 수 있다

무지개를 찾아야만
행복할 거라는
꿈같지 않은 꿈을 꾸며
또 다른 길 헤매는
아픔과 이별하려고

그렇게도 사랑에
목말랐나 보다

이젠 맘껏 놀아보자
사랑판 벌여 놓았으니
죽는 날까지

사랑판 벌여 놓았으니
이제 맘껏 놀아보자

사랑이라고

보고 싶은 게 사랑이라고
보고 있어도 보고 싶은
가슴 뜨거운 증상이
편지를 쓰게 한다

그리다 그리다
재가 된 심정이라도
하늘을 날 수 있다면
옆에서 당신을 보는 게
견딜 수 없는 축복이다

마지막 한 잎 떨구려
바람 부딪혀도
그리움 다 닳기까지는
잊힐 수 없는 정이라고
골목길도 좋고
계곡이라도 괜찮은
뜨거운 바람 몰아온다
마치 모래 훔쳐가는
썰물의 욕심처럼

가슴을 박박 긁어댄다
사람이라고

가슴을 박박 긁어댄다
썰물의 욕심처럼
모래 훔쳐가는

가득한 사랑으로

인생에 너무
의미를 두지 말라는 말
오늘을 살아감에
감사라는 고백으로
감동의 감격 누리고
삶이 헐어 무너진 곳
인내로 차곡 쌓아 덮어
성숙한 영성의 길
사랑 하나로 충분한
영생의 소망을 누린다

하늘이 하늘답게 빛나듯
당신은 당신답게 빛나고
우리 기도하는 곳에
기쁨의 꽃향기로 내리면
절망의 계곡에 떨어졌던
우중충한 날 뒤집어
행복의 법칙 보여준
지금 그대로의 모습
그대로 안아주며 흘린

한줄기 눈물 반짝이며
지울 수 없는 별빛이 되었다
가득한 사랑으로

가득한 사랑으로
당신이 당신답게 빛나고
하늘이 하늘답게 빛나듯

행복 어렵지 않다

별빛이
달빛이
내 위로가 되어 주던
홀로만의 아픔의 날이
멀리도 떨어져
이제는 안개 속에 머물고
한 박자 쉬어갈 만큼
푸른 하늘 되었다

애씀과 행복이
정비례하는 것이라면
모든 순간이
당신으로 가득한
무소유의 잔잔함으로도
통쾌하게 웃을 수 있는
예상치 못한 반전의 삶

힘주어 말하지 않아도
나에게 당신은
나는 당신에게

지상 최고의 안전장치
바로 사람이라는 거다

나는 당신에게
나에게 당신은
애씀과 행복이 정비례…

함께함의 힘

바람에 날리지 않고
빗줄기에 젖지 않는
함께함의 기적

물길 막히면 돌아가고
가득 채우고 넘어가는
함께함의 아량

격려의 따뜻한 손
눈물로 기도하는 손
함께함의 감사

나이기에 믿어주는 기대
나이기에 받아주는 기대
함께함의 이룸

감사하는 기쁨
사랑하는 기쁨
함께함의 영성

화성에서 왔든

금성에서 왔든

함께하는 오늘

당신은 하늘의 선물

내게로 와줘서 고마워요

금성에서 왔든
화성에서 왔든

여기까지

모두가 꿈꾸는
둘만의 세상
많은 것 없어도
넓은 곳 아니어도
함께라서 그냥 좋은
황홀함 축제의 노래

그러더라
인연이라면
피해서 돌아간
그 길에서라도 만난다고
우리 만나지 못했다면
여전히 떠도는 눈물로
무척이나 아파했을 터
그래서 더 좋은 우리

서서히 보이는 황혼
발걸음 천천히
처벅처벅 걷다 보면
이래도 저래도
사람이 되어 여기까지 왔다

아침 사랑 묵상

동행의 고마움
숙일 줄 아는 구절초 사랑
바람에도 기댈 수 있는
억새풀 인생

눈물 사랑할 줄 아는 인정
막연한 꿈 소망의 인내
따뜻한 나 착한 당신
아침보다 먼저 와 있는
내 안의 당신
당신 안의 나

제자리에 있어도
사랑을 정의하지 않아도
매듭이 풀리는 걸 보면
사랑은 언제나 푸르름
살아있는 의리

첫사랑 황홀했다면
끝사랑 감사 또 감사

사랑이어라

내 마음이 가는 순서대로
행복이 정해지더라
웃을 수 있다면
그건 가장 큰 자리
목마름 안고 가야 할
쓸쓸한 계절의 연가

찬바람 불든지
겨울비 내리든지
그리움 있어 포근하니
만족은 가득하고
아픔은 도망가는
소망의 편지 띄우는 노래

후회 없는 안아줌
잠겨버린 그 날의 눈물 속
먹먹하게 부르는 이름
떨림으로 젖어진 마음
사랑이라고 눈짓했을 때
세상은 천국이 되고

모든 것 당신으로 통하는
유치하지만 예쁜 사랑

세상은 천국
사랑이라고 눈짓했을 때

느낌

아침 햇살 눈부심
흔들리는 거리의 고엽
시린 손 녹여주는 온기
흐르는 음악 속의 침묵
고요 속의 눈 마주침
툭 던진 한마디의 웃음
심장 고동의 안아줌
은은한 머리칼 향기
새근거리는 평온한 숨결
지난날 다 내어준 열정
세월 속 깊어지는 마음
꿈에서도 동행하는 열망
늘 부르고픈 사랑의 이름
살아있음이 행복한 만남
오늘이 더 예쁜 사람
내일이 더 사랑스런 사람
사랑은 표현하기 힘든
소담스런 열매로
익어가고 있다
말하지 않아도 알아차릴
아름다운 느낌으로

제3부

사랑 답안지

인생 고백

노란 별빛 향기
매혹적인 겨울 공기
휘몰아 오고

눈높이에 빠진
눈먼 사랑의
도토리 키재기는
봄이 올 때까지
달려가겠지

숙성한 향기
운명적인
헤어짐 비웃고
숙명적인
만남 노래하니

계절 골백번 바뀌어도
영원이란 약속
한 마디
숨 다하고 하늘 가는 날

고백하겠지

사랑이 있어

정말 좋았노라고

살만했다고

인생 고백이 가능한 삶
정말 좋았노라는
사랑이 있어

또··· 느낌

세모를 향해 달리는
아쉬움의 시간들이
눈물나게 빨리도
어둠을 잡아먹는다

햇살 따사로운 날에
두 손 맞잡은 것만으로도
싫지 않은 땀을 보았는데
찬바람 이는 계절은
안아주어도 부족한
애틋한 정겨움을 부른다

나무들 잎새 옷을
하나 둘 다 벗어 버리며
멀기만 한 봄날을 울어대는데
긴긴 동토의 날들
손과 발 부르터져도
호호 감싸주고 가야 할
애절한 사모곡으로 수놓고
한 고개 또 냇가 건너

시리기만 한 두 손
터질 듯 울먹이는 가슴
꼬옥 안아줘야만
얼어붙은 눈물
기쁨의 샘으로
살려줄 수 있으리

지리한 바람과의 싸움은
그대의 차가운 손이라도
내 얼굴 감싸 안으면
하늘이 무너져 내리는
백설의 고향에서도
거칠 것 없는 사랑으로
흐르고 흘러
그대와 나를 다 품어주는
너른 바다에 잠길 게다

생각만 해도 아름다운 너로···
오늘도 행복을 꿈꾼다

사랑 삶 & live

언젠가는
아침에 눈을 뜨지
못할 수도 있겠다는
생각에
오늘이 감사하다

꿈속에 없었던 당신
사진 속 미소에
얼마나 울었는지
잠 깨어나서도
흐느낌 여운
말이 필요 없다
사랑에는

닥치고 더 사랑해야 한다
있을 때 잘하라는 게
진리 중 진리
사랑 없이는 살 수 없다

사랑한다고 말 해줘야지
사랑이 때로

지겹다는 노랫말
큰일 날 소리
몰라도 한참 모르는

꿈길인 게 감사하지
사랑은 삶이고
사랑은 라이브

사랑은 삶이고 라이브
진리 중의 진리
닥치고 더 사랑해야 한다

사랑 답안지

힘들 걸 알면서도
후회할 거면서도
거침없이 덤벼드는
무한 질주
그게 사랑이란 거다

에스프레소 진한 향
설탕 한 스푼
어쩌면 그렇게
멋진 조합인지

흔하게 들어왔던
미치도록 사랑
죽도록 사랑은
진실이라는 한 마디에
하얀 웃음으로
끝끝내 잠들어 간다

이미 정해진 답
그냥 모른 척했을 뿐

더는 망설이지 말고
차가운 이성 마취시키고
뜨거운 감성 터뜨리면
단박에 안아서 어화둥둥
소소한 행복 따로 없다

단박에 어화둥둥
뜨거운 감성 터뜨리면
차가운 이성 마비시키고

옛사랑 여기에

껌딱지 같은
그림자 사랑
한마디 필요 없이
새벽을 깨우고
저녁을 잠재우는
난세의 희망

마음에라도 묻는
그런 사랑이
아름답다지만
곁에 두는 사랑이
뜨거운 미소의 절정

동백꽃 아가씨
노래 한 소절에
동동 구루무 소박한 향으로
별빛 출렁이게 했던
추억조차도 애틋한
꿈같은 사랑
지금 여기에

작은 사랑

이른 아침 찬 공기
조금은 빠른
겨울 생각

눈보라에
눈 감겨도
춥지 않음은

보인다
옆에서
주머니에 손잡고
걷기 때문

올겨울엔
더 따뜻한 맘으로
살아야지

겨울이라 해도

아프고 시려
심장에 얼룩졌던
오래전 겨울비는
흐르고 또 흘러도
얼음이 되지 못하고
뜨거운 눈물과 하나 되어
세월을 삼켜 버렸다

그렇게 낯가림하며
삭풍을 몰아낸
기억도 없는 그리움을
청춘에 피 흘린 자리
딱쟁이 자리하고 나니
그건 사랑이라는 고백이
확실하다고 맞장구친다

아하 그렇다
겨울을 달래며
잠에서 깨어나는 방법은
처음처럼
뜨거운 눈길 주고

아주 조용히

품에 안기면 되는 걸

겨울이라 해도
품에 안기면 되는 걸

愛

표현 안 되는
그냥 행복한
매혹적 향기

들꽃에 묻어난
곱디고운 싱그러움
풋풋한 내음

평범한 날 또 하루
깨어나는 순수
황홀한 동행

달빛도 좋고
밤 그림자도 좋을
양손 가득
가슴 가득
담아도 담아도
싫지 않은 선물

늘 아쉬움
늘 그리움

환상이어도 좋을

사랑은
한바탕 지나가는
소나기가 아니다

요란하지 않아도
은근히 살펴주며
촉촉하게 적셔주는
간지러운 보슬비
기분 좋은 날 시간표

삶에는 때때로
신경안정제보다
환상이 필요하다는
영화 속 한 대사
내게는 그게 사랑

튀지 않는 평범함이
좋은 일 나쁜 일
모두 그리움으로
괜찮은 고백 만들어
정말 폼나는 인생이다

아홉수 고백

밤이 온다고
태양이 녹슬지 않듯
세월 흘러 늙어진대도
한번 품은 사랑은
빛바래지 않는 설렘

얼굴 주름 잡히고
머리 흰 눈 내려도
영혼으로 안아준 당신
여전한 푸르름으로
은은한 향기 품어
이생의 이별 그 순간까지
지긋이 웃어줄
두근거리는 마주침

마음이 시키는 대로
당신에게 고백하고픈
청춘시대의 이정표가 된
오랜 친구
고운 누이 같은
아름다운 여인아

당신이 있어
정말 괜찮은 인생이야
아주 좋아

빛바래지 않는 설렘
태양이 녹슬지 않듯
밤이 온다고

나를 허물고

살아가면서
가장 고통스런 순간은
마음의 빗장을 걸어 잠그는
불통의 시간들

되지도 않는 자존심
혈압 올려가면서
나의 성을 더 높이 쌓았던
정말 한심한 시절
추억이기엔 부끄런 사치

비고 빈
차라리 내일은 없이
하루를 살아가는
사랑하는 이를 위한
거침없는 이해와 섬김

마음도 생각도
삐걱거리는 육체의 부실함도
다 내려놓으니

위로와 애틋함으로
황혼을 촉촉이 적시고
동행의 특혜
이제야 깨닫는
제대로의 행복

제대로의 행복
다 내려놓으니

안아주면 된다니까

마음 창고가
가득 찼습니다

알록달록
사랑의 물감으로
흠씬 젖었어요

햇빛 아래서도
긴긴 비 내림 속에서도
발하지 않은
원색의 고백을
그대로 품고 있네요

그토록 여유 있는
하늘 끝 구름에게
마음껏 풀어보라고
바람을 보냅니다
그냥 두고 보기엔
너무 가슴 뛴다고
어서 달려가

꽉 안아버려야 한대요

삭풍 몰아치는 한겨울도
아무런 문제 없어요
두고 보세요
끝내줄 테니까요

아무런 문제 없어요
삭풍 몰아치는 한겨울도

참사랑

사랑···
석양이 다가오는데
정말 뭘까
가만히 돌아보니
보이긴 보인다

소유가 아니었다
욕망도 아니었다
지켜주는 것이
참사랑이라고

하나 더
실망하지 않는
한결같은 믿음
더 많이 채워주고
가슴속에
담아 둔 너의 전부

하늘이 부르기 전
마음 쏟아 기도하니

꿈도 좋다
노래도 달달하다
익어가는 향기
끈끈한 사람이로세

욕망도 아니었다
소유도 아니었다

어디에 있었니

흐르고
또 흘러
강물이 되고
바다가 되어도
깊은 산 속
옹달샘 그리워하는
작은 그림자
따스한 손길로
별빛 달빛
콩콩거리며
마음의 문 두드리는
여전히 사랑스런
소꿉장난이어라

생각 하나로
외로움 건너뛰고
행복하다고 조잘거리면
어느새
옥색 하늘 되어
구름 몰아내며

붉은 심장 쓱쓱 비벼서
그리운 눈물
짜내고 또 짜낸다

곱고 예쁜
아름다운 나의 사람아
어디에 있었니

아름다운 나의 사람아
어디에 있었니

사랑 또 사랑

따지다 보면
도망가고
궁금해 하면
사라지는
참 신비한 녀석
사랑 또 사랑

계산하면
서리 내리고
주위를 살피면
가슴만 아픈
그림 속 꽃이 되는
안아주고픈
정말 예쁜 사람
사랑 또 사랑

눈 속에 담아놓고
가슴속에 새기는
추억이 있어서
눈물이 있어서

더 사랑스런 사랑
사랑 또 사랑

나는 오늘도
사랑을 노래한다

밤하늘 연가

가까이
조금 더 가까이
달콤한 별빛으로
봐도 봐도
더 정겨워지는
생기 넘치는 사람

짊어진 삶의 무게는
불리는 이름 하나로
싱그럽게 피어나
하루를 일궈가고
내일도 행복할 거라고
토닥토닥 두드려 준다

맑은 시내 흐르는
참 아름다운 눈동자
무심코 흘려버렸던
숨은 외로움을
언제나 전부였다고
깊은 호흡으로 내쉬며

가슴 졸였던 순수를
사랑의 꿈으로 노래한다
너무너무 보고 싶다고

백세 사랑

날 사랑하는 마음
이슬같이 촉촉한
무한 따스함

쿵짝쿵짝
장단 잘 맞춰서겠지
소녀라 생각하고
소녀로 보이니
여전히 곱다
남들 닭살이겠지만

가까이 행복
웃음의 향기로
자글자글 할미꽃도
순수 매력
끝날 있겠지만
미리 눈물 보이는
이별 연습 싫어
두 손 꼭 잡고
백 살까지 함께하세